Täglich 5 Minuten der Ruhe

Mein Achtsamkeitstagebuch für mehr Ruhe und Gelassenheit

Tania Ahsan

Bassermann

ISBN: 978-3-8094-4636-1

2. Auflage 2025

© 2023 by Bassermann Verlag,
einem Unternehmen der Penguin Random House Verlagsgruppe GmbH,
Neumarkter Straße 28, 81673 München
produktsicherheit@penguinrandomhouse.de
(Vorstehende Angaben sind zugleich
Pflichtinformationen nach GPSR)

Copyright © Arcturus Holdings Limited

Die englische Originalausgabe erschien unter dem Titel *5 Minutes to Calm*

Texte: Tania Ahsan

Abbildungen: Shutterstock

Umschlaggestaltung: Atelier Versen, Bad Aibling

Übersetzung: Birte Dittmann

Satz: Uhl & Massopust, Aalen

Herstellung: Timo Wenda

Druck und Bindung: Alföldi, Debrecen

Printed in Hungary

Penguin Random House Verlagsgruppe FSC® N001967

Ein paar Worte vorweg

Dies ist dein Tagebuch. Dies sind deine 5 Minuten am Tag. Sie gehören dir ganz allein. Du kannst wählen, ob es das Erste am Morgen oder das Letzte am Abend ist, was du tust: in dieses Buch zu schreiben. Oder du trägst immer dann etwas ein, wenn die Kinder ein Nickerchen machen oder du in der Badewanne liegst. Kurz: Mach es, wann und wo immer du 5 Minuten Zeit findest, etwas Ruhe in deine tägliche Routine zu bringen.

Betrachte es nicht als eine weitere lästige Pflicht, setze es nicht auf deine To-do-Liste. Diese Seiten wurden gestaltet, um dich zu inspirieren, um dich einzuladen, an die schönen Dinge in deinem Leben zu denken, und damit du dich dankbar daran erinnerst, wie vieles richtig gut läuft. Wenn ein Vorschlag dich nicht berührt, ignoriere ihn und blättere auf eine leere Seite weiter, um frei über etwas zu schreiben, das dir gefällt. Oder du zeichnest etwas. Oder du kritzelst in einem entspannten Gemütszustand ein bisschen. Wenn dir auf einer Seite vorgeschlagen wird, eine Liste zu erstellen, musst du nicht jeden vorgegebenen Platz darin füllen. Vielleicht hast du nur zwei Punkte. In dem Fall kannst du den Rest der Seite zum Zeichnen eines hübschen Bildes nutzen. Und falls du mehr Punkte haben solltest, schreibst du einfach auf der nächsten Seite weiter. Ruhe stellt sich ein, wenn du merkst, dass alles unter Kontrolle ist. Erlaube Sorgen und Erwartungen nicht, dir deinen Seelenfrieden zu rauben. Genieße deinen Tag und denke ans Atmen!

Tania Ahsan

Deine Woche

Affirmation der Woche: ***Ich bin genug.***

Datum: _____

Welche eine Sache möchtest du diese Woche täglich tun, um zu einem Zustand
der Ruhe zu finden?

Was magst du an dir am meisten? In dieser Woche kannst du diese Eigenschaft
durch Handeln unter Beweis stellen.

Gegenüber welchen drei Menschen möchtest du dich diese Woche besonders
bemühen, freundlich zu sein?

1. _____

2. _____

3. _____

Wie war deine Woche?

Wann hast du dich diese Woche am ruhigsten gefühlt?

_____

_____

_____

_____

Wie hast du die Eigenschaft, die du am meisten an dir magst, gefeiert?

_____

_____

_____

_____

Auf welche Weise hast du dich den drei ausgewählten Menschen gegenüber
freundlich erwiesen? Wie haben sie darauf reagiert?

_____

_____

_____

_____

Gab es irgendetwas, das diese Woche hätte besser laufen können?
Wie hättest du anders handeln können?

_____

_____

_____

_____

Köstliche Erinnerungen

Welches Essen lässt dir das Wasser im Munde zusammenlaufen?
Gibt es glückliche Erinnerungen, die du damit verbindest?
Könntest du es dir diese Woche zubereiten oder kaufen?

Deine Woche

Affirmation der Woche: *Ich bin ruhig.*

Datum:

Welche eine Sache möchtest du diese Woche täglich tun, um zu einem Zustand der Ruhe zu finden?

Wer ist dein Vorbild? In dieser Woche kannst du der Person nacheifern, die du am meisten bewunderst.

Gegenüber welchen drei Menschen möchtest du dich diese Woche besonders bemühen, freundlich zu sein?

1.

2.

3.

Wie war deine Woche?

Wann hast du dich diese Woche am ruhigsten gefühlt?

Wie hast du deinem Vorbild nachgeeifert?

Auf welche Weise hast du dich den drei ausgewählten Menschen gegenüber freundlich erwiesen? Wie haben sie darauf reagiert?

Gab es irgendetwas, das diese Woche hätte besser laufen können? Wie hättest du anders handeln können?

Deine Woche

Affirmation der Woche: *Ich bin entspannt.*

Datum:

Welche eine Sache möchtest du diese Woche täglich tun, um zu einem Zustand der Ruhe zu finden?

Welche eine Sache kannst du an jemand anderen delegieren? In dieser Woche suchst du eine Sache aus, bei der du Hilfe brauchst, egal ob auf der Arbeit oder zu Hause.

Gegenüber welchen drei Menschen möchtest du dich diese Woche besonders bemühen, freundlich zu sein?

1.

2.

3.

Wie war deine Woche?

Wann hast du dich diese Woche am ruhigsten gefühlt?

_____

_____

_____

Was hast du delegiert? War die Person, der du die Sache übertragen hast, froh, helfen zu können?

_____

_____

_____

_____

Auf welche Weise hast du dich den drei ausgewählten Menschen gegenüber freundlich erwiesen? Wie haben sie darauf reagiert?

_____

_____

_____

_____

Gab es irgendetwas, das diese Woche hätte besser laufen können?
Wie hättest du anders handeln können?

_____

_____

_____

Wie fühle ich mich genau jetzt?

Schreibe oder zeichne auf, was du exakt in diesem Moment fühlst.

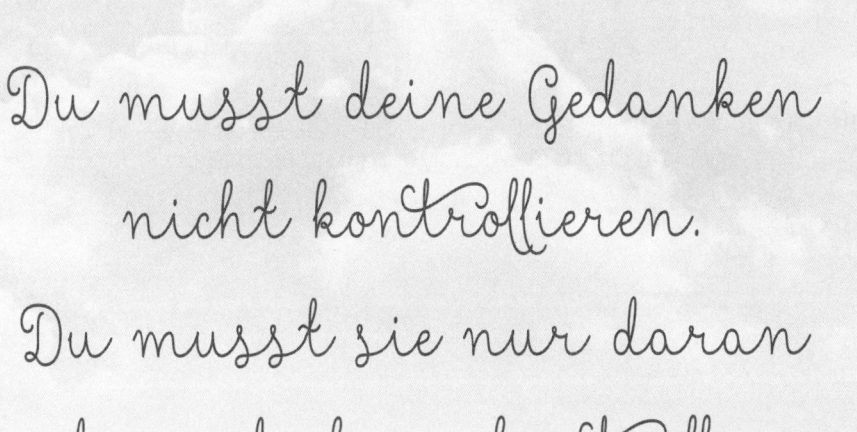

Du musst deine Gedanken
nicht kontrollieren.
Du musst sie nur daran
hindern, dich zu kontrollieren.

DAN MILLMAN

Deine Woche

Affirmation der Woche: *Ich bin dynamisch.*

Datum:

Welche eine Sache möchtest du diese Woche täglich tun, um zu einem Zustand der Ruhe zu finden?

Welche körperliche Aktivität bewirkt bei dir, dass du dich ganz du selbst fühlst?
In dieser Woche genießt du die Bewegung und anschließend die Ruhe danach.

Gegenüber welchen drei Menschen möchtest du dich diese Woche besonders bemühen, freundlich zu sein?

1.

2.

3.

Wie war deine Woche?

Wann hast du dich diese Woche am ruhigsten gefühlt?

_____

_____

_____

Welche körperliche Aktivität hast du gewählt? Wie hat es sich angefühlt – sowohl
währenddessen als auch danach?

_____

_____

_____

_____

Auf welche Weise hast du dich den drei ausgewählten Menschen gegenüber
freundlich erwiesen? Wie haben sie darauf reagiert?

_____

_____

_____

_____

Gab es irgendetwas, das diese Woche hätte besser laufen können?
Wie hättest du anders handeln können?

_____

_____

_____

Deine Woche

Affirmation der Woche: *Ich bin fröhlich.*

Datum:

Welche eine Sache möchtest du diese Woche täglich tun, um zu einem Zustand der Ruhe zu finden?

Was heitert dich auf? In dieser Woche besuche Leute, die dich glücklich machen, oder gucke Filme und Unterhaltungssendungen, die dir ein Lächeln ins Gesicht zaubern.

Gegenüber welchen drei Menschen möchtest du dich diese Woche besonders bemühen, freundlich zu sein?

1.

2.

3.

Wie war deine Woche?

Wann hast du dich diese Woche am ruhigsten gefühlt?

_____

_____

_____

Was hat dich diese Woche aufgeheitert?

_____

_____

_____

Auf welche Weise hast du dich den drei ausgewählten Menschen gegenüber
freundlich erwiesen? Wie haben sie darauf reagiert?

_____

_____

_____

Gab es irgendetwas, das diese Woche hätte besser laufen können?
Wie hättest du anders handeln können?

_____

_____

_____

Deine Woche

Affirmation der Woche: *Ich bin gelassen.*

Datum:

Welche eine Sache möchtest du diese Woche täglich tun, um zu einem Zustand der Ruhe zu finden?

Erwäge, das nächste Mal ruhig und gelassen auf ein Ärgernis zu reagieren. Das mag dir seltsam vorkommen, aber halte kurz inne, bevor du gelassen reagierst.

Gegenüber welchen drei Menschen möchtest du dich diese Woche besonders bemühen, freundlich zu sein?

1.

2.

3.

Wie war deine Woche?

Wann hast du dich diese Woche am ruhigsten gefühlt?

_____

_____

_____

Welchem Ärgernis bist du mit Gelassenheit begegnet? Hat sich die Situation so
für dich besser angefühlt?

_____

_____

_____

_____

Auf welche Weise hast du dich den drei ausgewählten Menschen gegenüber
freundlich erwiesen? Wie haben sie darauf reagiert?

_____

_____

_____

_____

Gab es irgendetwas, das diese Woche hätte besser laufen können?
Wie hättest du anders handeln können?

_____

_____

_____

Deine Woche

Affirmation der Woche: *Ich bin sanftmütig.*

Datum:

Welche eine Sache möchtest du diese Woche täglich tun, um zu einem Zustand der Ruhe zu finden?

In welchem Bereich deines Lebens kannst du dich sanft zeigen? Sanftheit ist keine Schwäche, sondern eine deutliche Stärke.

Gegenüber welchen drei Menschen möchtest du dich diese Woche besonders bemühen, freundlich zu sein?

1.

2.

3.

Wie war deine Woche?

Wann hast du dich diese Woche am ruhigsten gefühlt?

Wo hast du dich sanft gezeigt? Wie hat sich das angefühlt?

Auf welche Weise hast du dich den drei ausgewählten Menschen gegenüber freundlich erwiesen? Wie haben sie darauf reagiert?

Gab es irgendetwas, das diese Woche hätte besser laufen können? Wie hättest du anders handeln können?

Setze dir Seelenfrieden
als höchstes Ziel,
und organisiere dein Leben
um dieses Ziel herum.

BRIAN TRACY

Wie fühle ich mich genau jetzt?

Schreibe oder zeichne auf, was du exakt in diesem Moment fühlst.

Deine Woche

Affirmation der Woche: *Ich bin voller Wunder.*

Datum:

Welche eine Sache möchtest du diese Woche täglich tun, um zu einem Zustand der Ruhe zu finden?

Wann überkommt dich ein Gefühl von Ehrfurcht und Staunen? Diese Woche begibst du dich hinaus in jene Landschaften, die dich spüren lassen, dass die Welt magisch und verzaubert ist.

Gegenüber welchen drei Menschen möchtest du dich diese Woche besonders bemühen, freundlich zu sein?

1.

2.

3.

Wie war deine Woche?

Wann hast du dich diese Woche am ruhigsten gefühlt?

_____

_____

_____

Welche wunderbare Landschaft hast du aufgesucht? Was hat der Besuch in dir neu erweckt?

_____

_____

_____

_____

Auf welche Weise hast du dich den drei ausgewählten Menschen gegenüber freundlich erwiesen? Wie haben sie darauf reagiert?

_____

_____

_____

Gab es irgendetwas, das diese Woche hätte besser laufen können? Wie hättest du anders handeln können?

_____

_____

_____

Deine Woche

Affirmation der Woche: *Ich bin still.*

Datum:

Welche eine Sache möchtest du diese Woche täglich tun, um zu einem Zustand der Ruhe zu finden?

Wo kannst du innehalten und still sein? Diese Woche gibst du dir selbst den Raum, um einfach nur zu sein.

Gegenüber welchen drei Menschen möchtest du dich diese Woche besonders bemühen, freundlich zu sein?

1.

2.

3.

Wie war deine Woche?

Wann hast du dich diese Woche am ruhigsten gefühlt?

Wie hast du in dieser Woche einen Ort der Stille gefunden?

Auf welche Weise hast du dich den drei ausgewählten Menschen gegenüber
freundlich erwiesen? Wie haben sie darauf reagiert?

Gab es irgendetwas, das diese Woche hätte besser laufen können?
Wie hättest du anders handeln können?

Sorgen schweben davon

Notiere auf den Ballons links jeweils nur ein einziges Wort, das eine Sorge beschreibt, die dich gerade belastet. Jetzt schließe deine Augen und stelle dir vor, wie deine Sorgen davonschweben, bis du sie nicht mehr sehen kannst. Wie fühlt es sich an, zu wissen, dass deine Probleme davongeflogen sind?

Deine Woche

Affirmation der Woche: *Ich bin gesegnet.*

Datum:

Welche eine Sache möchtest du diese Woche täglich tun, um zu einem Zustand der Ruhe zu finden?

In welchem Lebensbereich fühlst du dich besonders gesegnet? Diese Woche genießt du deine Segnungen und betrachtest sie nicht als selbstverständlich.

Gegenüber welchen drei Menschen möchtest du dich diese Woche besonders bemühen, freundlich zu sein?

1.

2.

3.

Wie war deine Woche?

Wann hast du dich diese Woche am ruhigsten gefühlt?

Auf welche Weise hast du dich diese Woche gesegnet gefühlt?

Auf welche Weise hast du dich den drei ausgewählten Menschen gegenüber freundlich erwiesen? Wie haben sie darauf reagiert?

Gab es irgendetwas, das diese Woche hätte besser laufen können?
Wie hättest du anders handeln können?

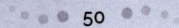

Deine Woche

Affirmation der Woche: *Ich bin weise.*

Datum:

Welche eine Sache möchtest du diese Woche täglich tun, um zu einem Zustand der Ruhe zu finden?

Welche Worte der Weisheit trägst du stets mit dir? Diese Woche zeigst du, dass du die Worte verstanden hast, indem du dem Rat folgst.

Gegenüber welchen drei Menschen möchtest du dich diese Woche besonders bemühen, freundlich zu sein?

1.

2.

3.

Wie war deine Woche?

Wann hast du dich diese Woche am ruhigsten gefühlt?

_____

_____

_____

Wann und wie hast du dich diese Woche weise verhalten?

_____

_____

_____

Auf welche Weise hast du dich den drei ausgewählten Menschen gegenüber freundlich erwiesen? Wie haben sie darauf reagiert?

_____

_____

_____

Gab es irgendetwas, das diese Woche hätte besser laufen können? Wie hättest du anders handeln können?

_____

_____

_____

Wie fühle ich mich genau jetzt?

Schreibe oder zeichne auf, was du exakt in diesem Moment fühlst.

Sei wie ein Baum
und lasse die toten
Blätter fallen.

RUMI

Deine Woche

Affirmation der Woche: *Ich fühle mich wohl.*

Datum:

Welche eine Sache möchtest du diese Woche täglich tun, um zu einem Zustand der Ruhe zu finden?

Was bedeutet es, sich wohlzufühlen? Diese Woche denke darüber nach, auf welche Weise Wohlbefinden Teil deines Lebens ist – körperlich, finanziell und emotional.

Gegenüber welchen drei Menschen möchtest du dich diese Woche besonders bemühen, freundlich zu sein?

1.

2.

3.

Wie war deine Woche?

Wann hast du dich diese Woche am ruhigsten gefühlt?

Wie hast du diese Woche für mehr Wohlbefinden in deinem Leben gesorgt?

Auf welche Weise hast du dich den drei ausgewählten Menschen gegenüber freundlich erwiesen? Wie haben sie darauf reagiert?

Gab es irgendetwas, das diese Woche hätte besser laufen können? Wie hättest du anders handeln können?

Deine Woche

Affirmation der Woche: *Ich bin voller Freude.*

Datum:

Welche eine Sache möchtest du diese Woche täglich tun, um zu einem Zustand der Ruhe zu finden?

Was hat dir als Kind Freude bereitet? Diese Woche bereite dir jene Freude erneut, auch wenn du dir bei der Unternehmung ein bisschen albern vorkommen magst.

Gegenüber welchen drei Menschen möchtest du dich diese Woche besonders bemühen, freundlich zu sein?

1.

2.

3.

Wie war deine Woche?

Wann hast du dich diese Woche am ruhigsten gefühlt?

_____

_____

_____

Wie hast du die Freude aus deiner Kindheit wieder aufleben lassen?

_____

_____

_____

Auf welche Weise hast du dich den drei ausgewählten Menschen gegenüber
freundlich erwiesen? Wie haben sie darauf reagiert?

_____

_____

_____

Gab es irgendetwas, das diese Woche hätte besser laufen können?
Wie hättest du anders handeln können?

_____

_____

_____

Deine Woche

Affirmation der Woche: **Ich bin fürsorglich.**

Datum:

Welche eine Sache möchtest du diese Woche täglich tun, um zu einem Zustand der Ruhe zu finden?

Wie kannst du diese Woche deine fürsorgliche Seite zeigen? Übe Fürsorge durch deine Handlungen.

Gegenüber welchen drei Menschen möchtest du dich diese Woche besonders bemühen, freundlich zu sein?

1.

2.

3.

Wie war deine Woche?

Wann hast du dich diese Woche am ruhigsten gefühlt?

Wie hast du diese Woche deine Fürsorge gezeigt? Hast du deine Zeit und Aufmerksamkeit geschenkt?

Auf welche Weise hast du dich den drei ausgewählten Menschen gegenüber freundlich erwiesen? Wie haben sie darauf reagiert?

Gab es irgendetwas, das diese Woche hätte besser laufen können? Wie hättest du anders handeln können?

Deine Woche

Affirmation der Woche: **_Ich bin ausgeruht._**

Datum:

Welche eine Sache möchtest du diese Woche täglich tun, um zu einem Zustand der Ruhe zu finden?

Bekommst du genug Erholung? Versuche diese Woche, eine Stunde vor dem Zubettgehen ruhig zu werden und dich zu entspannen.

Gegenüber welchen drei Menschen möchtest du dich diese Woche besonders bemühen, freundlich zu sein?

1.

2.

3.

Wie war deine Woche?

Wann hast du dich diese Woche am ruhigsten gefühlt?

_____

_____

_____

Hast du dich diese Woche erholter gefühlt als in anderen Wochen? Wie kannst du dich
weiterhin so fühlen?

_____

_____

Auf welche Weise hast du dich den drei ausgewählten Menschen gegenüber
freundlich erwiesen? Wie haben sie darauf reagiert?

_____

_____

_____

Gab es irgendetwas, das diese Woche hätte besser laufen können?
Wie hättest du anders handeln können?

_____

_____

_____

Je näher einem Zustand
der Gelassenheit, desto
näher kommt der Mensch
der Stärke.

MARC AUREL

Wie fühle ich mich genau jetzt?

Schreibe oder zeichne auf, was du exakt in diesem Moment fühlst.

Deine Woche

Affirmation der Woche: *Ich bin stark.*

Datum:

Welche eine Sache möchtest du diese Woche täglich tun, um zu einem Zustand der Ruhe zu finden?

Wo fühlst du dich stark? Lenke diese Woche deine Energie darauf, ein Gefühl von Stärke zu bewahren – sowohl körperlich als auch emotional.

Gegenüber welchen drei Menschen möchtest du dich diese Woche besonders bemühen, freundlich zu sein?

1.

2.

3.

Wie war deine Woche?

Wann hast du dich diese Woche am ruhigsten gefühlt?

Wie hast du deine Stärke diese Woche gefeiert?

Auf welche Weise hast du dich den drei ausgewählten Menschen gegenüber
freundlich erwiesen? Wie haben sie darauf reagiert?

Gab es irgendetwas, das diese Woche hätte besser laufen können?
Wie hättest du anders handeln können?

Deine Woche

Affirmation der Woche: ***Ich bin freundlich.***

Datum:

Welche eine Sache möchtest du diese Woche täglich tun, um zu einem Zustand der Ruhe zu finden?

Wie kannst du der Welt deine Freundlichkeit zeigen? Versuche diese Woche, Fremde anzulächeln und mit Leuten zu sprechen, mit denen du gewöhnlich wenig zu tun hast.

Gegenüber welchen drei Menschen möchtest du dich diese Woche besonders bemühen, freundlich zu sein?

1.

2.

3.

Wie war deine Woche?

Wann hast du dich diese Woche am ruhigsten gefühlt?

_____

_____

_____

Wie wurde deine Freundlichkeit aufgenommen?

_____

_____

_____

_____

Auf welche Weise hast du dich den drei ausgewählten Menschen gegenüber freundlich erwiesen? Wie haben sie darauf reagiert?

_____

_____

_____

_____

Gab es irgendetwas, das diese Woche hätte besser laufen können?
Wie hättest du anders handeln können?

_____

_____

_____

_____

Deine Woche

Affirmation der Woche: *Ich bin glücklich.*

Datum:

Welche eine Sache möchtest du diese Woche täglich tun, um zu einem Zustand der Ruhe zu finden?

Was bedeutet Glück für dich? Notiere diese Woche all die Dinge – große und kleine –, die dich glücklich machen.

Gegenüber welchen drei Menschen möchtest du dich diese Woche besonders bemühen, freundlich zu sein?

1.

2.

3.

Wie war deine Woche?

Wann hast du dich diese Woche am ruhigsten gefühlt?

_____

_____

_____

Welche Aspekte des Lebens haben dich diese Woche richtig glücklich gemacht?

_____

_____

_____

_____

Auf welche Weise hast du dich den drei ausgewählten Menschen gegenüber
freundlich erwiesen? Wie haben sie darauf reagiert?

_____

_____

_____

_____

Gab es irgendetwas, das diese Woche hätte besser laufen können?
Wie hättest du anders handeln können?

_____

_____

_____

_____

Wie fühle ich mich genau jetzt?

Schreibe oder zeichne auf, was du exakt in diesem Moment fühlst.

Es gibt niemals etwas anderes als die Gegenwart, und wer in ihr nicht leben kann, wird nirgends leben können.

Alan Watts

Deine Woche

Affirmation der Woche: *Ich bin achtsam.*

Datum:

Welche eine Sache möchtest du diese Woche täglich tun, um zu einem Zustand der Ruhe zu finden?

Was bedeutet es, achtsam zu sein? Richte diese Woche deine Aufmerksamkeit auf deine Gedanken und Handlungen und beobachte deine Art des »In-der-Welt-Seins«.

Gegenüber welchen drei Menschen möchtest du dich diese Woche besonders bemühen, freundlich zu sein?

1.

2.

3.

Wie war deine Woche?

Wann hast du dich diese Woche am ruhigsten gefühlt?

Wie ist es dir diese Woche gelungen, achtsamer zu werden?

Auf welche Weise hast du dich den drei ausgewählten Menschen gegenüber freundlich erwiesen? Wie haben sie darauf reagiert?

Gab es irgendetwas, das diese Woche hätte besser laufen können?
Wie hättest du anders handeln können?

Dein Ruheoasen-Planer

Welche Bücher haben dir freudige Leseerlebnisse beschert? Erstelle eine Liste mit
den Autor*innen und nimm dir vor, entweder neue Bücher von ihnen zu entdecken
oder ein Buch herauszusuchen, das dich anspricht und von jemandem verfasst
wurde, von dem du noch nichts zuvor gelesen hast.

1.

2.

3.

4.

5.

6.

7.

8.

9.

10.

Deine Woche

Affirmation der Woche: *Ich bin sicher.*

Datum:

Welche eine Sache möchtest du diese Woche täglich tun, um zu einem Zustand der Ruhe zu finden?

Bist du ängstlich und vertraust der Welt um dich herum nicht? Versuche diese Woche Bereiche zu finden, in denen du mehr Vertrauen zeigen könntest.

Gegenüber welchen drei Menschen möchtest du dich diese Woche besonders bemühen, freundlich zu sein?

1.

2.

3.

Wie war deine Woche?

Wann hast du dich diese Woche am ruhigsten gefühlt?

Sich körperlich und emotional sicher zu fühlen, ist im Leben entscheidend. Hat dir größeres Vertrauen geholfen, dich sicherer zu fühlen?

Auf welche Weise hast du dich den drei ausgewählten Menschen gegenüber freundlich erwiesen? Wie haben sie darauf reagiert?

Gab es irgendetwas, das diese Woche hätte besser laufen können? Wie hättest du anders handeln können?

Weite Horzionte

Denke an das letzte Mal, als du dich komplett entspannt und ruhig gefühlt hast. Wo warst du da? Wonach hat es gerochen? Wie fühlte sich dein Körper? Schließe die Augen und reise in deiner Erinnerung dorthin zurück. Atme dabei ein und aus.

Deine Woche

Affirmation der Woche: *Ich werde geliebt.*

Datum:

Welche eine Sache möchtest du diese Woche täglich tun, um zu einem Zustand der Ruhe zu finden?

Es gibt so viel mehr Arten von Liebe als nur die romantische. Wer liebt dich und **wen liebst du?** Wertschätze diese Woche die Liebe in deinem Leben.

Gegenüber welchen drei Menschen möchtest du dich diese Woche besonders bemühen, freundlich zu sein?

1.

2.

3.

Wie war deine Woche?

Wann hast du dich diese Woche am ruhigsten gefühlt?

Wo offenbart sich die Liebe in deinem Leben?

Auf welche Weise hast du dich den drei ausgewählten Menschen gegenüber freundlich erwiesen? Wie haben sie darauf reagiert?

Gab es irgendetwas, das diese Woche hätte besser laufen können? Wie hättest du anders handeln können?

Was ich gerade liebe

Was liebst du an dem Ort,
an dem du gerade lebst?

Denke über dein Leben nach, wie es jetzt gerade ist. Was liebst und schätzt du daran?

Deine Woche

Affirmation der Woche: *Ich bin mit mir im Reinen.*

Datum:

Welche eine Sache möchtest du diese Woche täglich tun, um zu einem Zustand der Ruhe zu finden?

Wie kannst du dich selbst mehr akzeptieren, auch wenn du Fehler machst?
Diese Woche richtest du den Fokus darauf, wie du dir selbst gegenüber Liebe zeigen kannst.

Gegenüber welchen drei Menschen möchtest du dich diese Woche besonders bemühen, freundlich zu sein?

1.

2.

3.

Wie war deine Woche?

Wann hast du dich diese Woche am ruhigsten gefühlt?

_____

_____

_____

Wie bist du dabei vorgegangen, dich selbst zu akzeptieren?

_____

_____

_____

Auf welche Weise hast du dich den drei ausgewählten Menschen gegenüber freundlich erwiesen? Wie haben sie darauf reagiert?

_____

_____

_____

Gab es irgendetwas, das diese Woche hätte besser laufen können? Wie hättest du anders handeln können?

_____

_____

_____

Dein Selbst verdient
genauso sehr deine Liebe
und Zuneigung
wie jeder andere im
ganzen Universum.

SHARON SALZBERG

Wie fühle ich mich genau jetzt?

Schreibe oder zeichne auf, was du exakt in diesem Moment fühlst.

Deine Woche

Affirmation der Woche: ***Ich bin liebenswürdig.***

Datum:

Welche eine Sache möchtest du diese Woche täglich tun, um zu einem Zustand der Ruhe zu finden?

Zu wem könntest du liebenswürdiger sein – vielleicht zu dir selbst? Finde diese Woche Wege, dir selbst und anderen mit Liebenswürdigkeit zu begegnen.

Gegenüber welchen drei Menschen möchtest du dich diese Woche besonders bemühen, freundlich zu sein?

1.

2.

3.

Wie war deine Woche?

Wann hast du dich diese Woche am ruhigsten gefühlt?

_____

_____

_____

Auf welche Weise hast du dich dir selbst gegenüber liebenswürdig erwiesen?

_____

_____

_____

Auf welche Weise hast du dich den drei ausgewählten Menschen gegenüber freundlich erwiesen? Wie haben sie darauf reagiert?

_____

_____

_____

Gab es irgendetwas, das diese Woche hätte besser laufen können? Wie hättest du anders handeln können?

_____

_____

_____

Dein Ruheoasen-Planer

Liste aus der Erinnerung heraus die Momente auf, als du dir vor Lachen den Bauch
halten musstest. Wer war bei dir? Was hast du da gerade gemacht? Wie alt warst du?

1.

2.

3.

4.

5.

6.

7.

8.

9.

10.

Deine Woche

Affirmation der Woche: *Ich bin dankbar.*

Datum:

Welche eine Sache möchtest du diese Woche täglich tun, um zu einem Zustand der Ruhe zu finden?

Wofür bist du dankbar? Hilft dir Dankbarkeit dabei, dich weniger zu ärgern, wenn Dinge schiefgehen? Achte darauf, was sie dich fühlen lässt.

Gegenüber welchen drei Menschen möchtest du dich diese Woche besonders bemühen, freundlich zu sein?

1.

2.

3.

Wie war deine Woche?

Wann hast du dich diese Woche am ruhigsten gefühlt?

Wie hat dir Dankbarkeit in dieser Woche weitergeholfen?

Auf welche Weise hast du dich den drei ausgewählten Menschen gegenüber
freundlich erwiesen? Wie haben sie darauf reagiert?

Gab es irgendetwas, das diese Woche hätte besser laufen können?
Wie hättest du anders handeln können?

Jeder dieser Schmetterlinge verkörpert eine Segnung, der du dich erfreust.
Benenne und zähle hier so viele auf, wie du kannst.

Dein Ruheoasen-Planer

Schreibe zehn Dinge auf, die du an dir magst. Denke dabei eher an persönliche Eigenschaften als an äußere Vorzüge. Kehre zu dieser Seite zurück, wenn du dafür mehr Zeit brauchst. Frage dich selbst, warum du für diese Übung mehr Zeit benötigst und versuche, auf die Stufe zu gelangen, auf der du – ohne lange zu überlegen – an viele weitere Gründe denken kannst, die du an dir schätzt.

1.

2.

3.

4.

5.

6.

7.

8.

9.

10.

Deine Woche

Affirmation der Woche: *Ich gebe.*

Datum:

Welche eine Sache möchtest du diese Woche täglich tun, um zu einem Zustand der Ruhe zu finden?

Wo kannst du mehr von dir geben? Ohne dich selbst zu überfordern: Gibt es eine Möglichkeit, wie du deiner Gemeinschaft etwas zurückgeben kannst?

Gegenüber welchen drei Menschen möchtest du dich diese Woche besonders bemühen, freundlich zu sein?

1.

2.

3.

Wie war deine Woche?

Wann hast du dich diese Woche am ruhigsten gefühlt?

Wie hat es sich angefühlt, etwas von deiner Zeit zu schenken?

Auf welche Weise hast du dich den drei ausgewählten Menschen gegenüber freundlich erwiesen? Wie haben sie darauf reagiert?

Gab es irgendetwas, das diese Woche hätte besser laufen können? Wie hättest du anders handeln können?

Wie fühle ich mich genau jetzt?

Schreibe oder zeichne auf, was du exakt in diesem Moment fühlst.

Wenn wir damit aufhören,
das letzte Kapitel unseres
Lebens nochmal zu lesen,
lassen wir den Raum,
um ein neues zu schreiben.

TAMARA LEVITT

Deine Woche

Affirmation der Woche: *Ich bin zufrieden.*

Datum:

Welche eine Sache möchtest du diese Woche täglich tun, um zu einem Zustand der Ruhe zu finden?

Was würdest du tun, um Zufriedenheit zu erlangen? Denke diese Woche über die Dinge nach, die du im Leben brauchst, um dich glücklich zu fühlen.

Gegenüber welchen drei Menschen möchtest du dich diese Woche besonders bemühen, freundlich zu sein?

1.

2.

3.

Wie war deine Woche?

Wann hast du dich diese Woche am ruhigsten gefühlt?

Hast du die Komponenten entdeckt, die du brauchst, um dich glücklich zu machen? Verfügst du gerade über diese Dinge in deinem Leben?

Auf welche Weise hast du dich den drei ausgewählten Menschen gegenüber freundlich erwiesen? Wie haben sie darauf reagiert?

Gab es irgendetwas, das diese Woche hätte besser laufen können? Wie hättest du anders handeln können?